粤韵漫绘岭南风

广府风

梁树庭 编著

SPM 南方出版传媒
全国优秀出版社 全国百佳图书出版单位 广东教育出版社
·广州·

图书在版编目（CIP）数据

广府风／梁树庭编著. —广州：广东教育出版社，2019.5
（粤韵漫绘岭南风）
ISBN 978-7-5548-2546-4

Ⅰ.①广… Ⅱ.①梁… Ⅲ.①风俗习惯—广东—通俗读物 Ⅳ.①K465-49

中国版本图书馆CIP数据核字（2018）第213852号

项目策划：靳淑敏
责任编辑：尚于力
责任技编：杨启承
装帧设计：邓君豪

广府风
GUANGFU FENG
广东教育出版社出版发行
（广州市环市东路472号12-15楼）
邮政编码：510075
网址：http://www.gjs.cn
广东新华发行集团股份有限公司经销
广州市岭美彩印有限公司印刷
（广州市荔湾区花地大道南海南工商贸易区A幢）
889毫米×1194毫米 24开本 3印张 75 000字
2019年5月第1版 2019年5月第1次印刷
ISBN 978-7-5548-2546-4
定价：39.80元
质量监督电话：020-87613102 邮箱：gjs-quality@nfcb.com.cn
购书咨询电话：020-87615809

读歌谣，赏漫画，品民俗。
在这里，读懂岭南。

序一
岭南的细节

这是一套关于岭南的细节的书。

岭南有着许多不同的面目。当岭南作为地理概念出现时，它宏大壮阔，在五岭和南海之间伸展，范围之广阔大大超出我们固有的印象；当岭南作为文化意象出现时，它生猛活跃，在传统与现代之间穿梭，带给我们一个又一个惊艳的身影；当岭南作为一种生活方式出现时，它呈现的是丰富的细节，而每一个细节都值得我们去品味和把玩。

这些细节，是由生活在岭南的人们创造出来的，所以我们按照岭南三大民系，把内容分为“潮州”“广府”“客家”三部分；又因为岭南人的生活讲究顺应天时，所以我们还有“岁时”一册，用来说明在岭南这个四季并不分明的地方，人们是怎样活出自己的“季节”来的。

岭南人虽主要分为三大民系，大家在传统方面都各有坚持，但实际上也是同气连枝，有颇多相通之处。以吃为例，潮汕有“工夫茶”和“潮州粿”，广府有“饮早茶”和“九大簋”，客家则有“酿豆腐”和“炸果糍”，虽然食物品种不尽相同，但就地取材的原则和对精研烹调之法的追求是相通的。除此之外，还有年节拜祭、传统手艺、日常习惯等方面，在作者描绘的画面里，岭南各地之间其实并不那么地壁垒分明，即使确有差别，岭南人之间也特别容易取得共识，相互理解。正是在这种种不同之间，隐约蕴含着一条神奇的纽带，维系起岭南这片土地。

在这套书里，岭南日常生活的平凡日子，被浓缩成诗句、韵文；生活在岭南的人们，被勾勒出趣致的动作、神态。在这里，我们看到了岭南的细节。透过一幅幅诙谐有趣的画面，来体会岭南的细节，也许，这本身就是一件很“岭南”的事。

王亮　广府文化研究者／广东教育出版社副编审

序二
漫出精彩

梁树庭是我熟悉的画家，他举办的几个展览和出版的书籍我都看过，看后都有一种淋漓畅快的感觉，他的写法画法很有个性，特别是作歌谣，配漫画，写书法，用水墨的手法创作漫画，这对广东漫画界来说是一个新的收获。他的漫画或针砭时弊，激浊扬清，或谐趣幽默，扶正祛邪，都取得了不少成绩。他早年举办的“粤韵新唱——梁树庭、马洁群百首粤语歌谣漫画展”是一次很有地方特色的漫画展，是近年广东漫画界的盛事。它记录广州的过去和现在，给人们留下了美好的回忆，是一个大受欢迎的展览。

几年过去了，梁树庭的歌谣漫画从广府题材画到岭南题材，内容更丰富了，看到广东教育出版社出版的“粤韵漫绘岭南风”丛书，我感到由衷的高兴。传承发扬优秀的岭南文化是一件很有意义的事情，这次的作品他用水墨的手法，是值得肯定和发扬的。丛书包含《岁时谣》《广府风》《客家颂》《潮州韵》，书名精彩，内容简练而有深度，图文并茂，对初次了解岭南文化的读者是大有裨益的。读读歌谣，赏赏漫画，看看民俗，不知不觉中受到岭南文化的熏陶，真是件乐事。

看书中的《上茶楼》，画广州一家子茶楼相聚，点上河鲜，梁树庭用夸张的手法，画服务员单手托盘，盘中鱼比人大，众人哗然。热气腾腾的清蒸鱼上台，配上“一盅两件话当年，而今觉得唔够坚。朝晏打的去南国，急呼伙计上河鲜”的歌谣，谐趣幽默，生动地表现出了时代变化中的广府人，由过去简单的“一盅两件”到现在富足的急上河鲜的品茶姿态，十分“盏鬼”。再看《凉帽美》的太阳和《赛大猪》的大猪，都是运用了拟人化的画法。太阳会伸出大拇指夸客家娘手艺巧，能做出流传几百年可遮阳散热的凉帽，挥帽田间很动人；《赛大猪》中的大猪被评为头名时，高兴得举起胜利的手势，猪肥人壮趣怪得很。漫画的这种手法使得客家和潮汕的民俗风情多了一重喜感。从书里面的作品简约的画法和绚丽的用色交叉搭配，视觉上有节奏感，读得舒服。《岁时谣》侧重写实画法，画出广东节气特点，也能“漫”在其中，隐约可见他对传统花鸟、山水试运用漫画画法，这种创作特色和手法值得推介。

漫画是一门综合艺术，从原始绘画至文人绘画、民间绘画皆有之，配上诗词的漫作，总是使人眼前一亮。最近国内很多漫画家在探索水墨的表现方式，成果不少，这里面也有广东漫画人的努力，梁树庭就是其中的一位。在大力倡导传承发展优秀传统文化的新时期，我期待广东漫画人初心不变，努力向前，为广东乃至全国的漫画发展，作出更大的贡献。

江沛扬　中国美术家协会会员／广东省美协漫画艺委会前主任／广东漫画学会前会长

目录

生活风情

上茶楼

一盅两件◎话当年，
而今觉得唔够◎坚。
朝晏◎打的去南国，
急呼伙计上河鲜。

说明：本书图中文字因艺术创作需要，部分使用繁体字，此处均以简化字呈现，便于读者阅读。

◎**一盅两件**：就是一杯茶，两种点心。◎**唔够**：不够。

◎**朝晏**：早上迟起（如“晏昼”，指中午。粤人通俗口语）。

民俗文化

饮早茶　广州人所说的饮早茶，不仅喝茶，还要配点心，并顺便传播新闻、叙说友情、洽谈生意，文人雅集，迎来送往，谈婚论嫁，实际上是一种社会交际方式。茶楼就是广州社会的缩影，在那里不仅能领略岭南饮食文化，而且还可以看到社会人生百态。

一盅两件话当年
而今觉得唔够坚
朝晏打的去南国
急呼伙计上河鲜
上茶楼
梁树庭方言诗画

九大簋

寿星公宴摆几围，
喜酌陶陶九大簋。
席上金猪石斑鱼，
好味再上白斩鸡。

民俗文化

九大簋　簋（guǐ），原指古代一种放置食物的器皿。九大簋，即有九个大簋装放食物，以示筵席丰盛、隆重。以前最常见的九大簋主要有喜酌、暖堂酌、开灯酒、寿酌，这种传统被保留了下来。现在珠三角地区的人都习惯以“九大簋”招待贵客以示礼仪。

寿星公宴
摆几围，
喜酌陶陶
九大簋，
席上金猪
石斑魚，
好味再上
白斩鸡。
粤语歌谣
九大簋
梁树庭

饮凉茶

热气唔使心怕怕，
广东凉茶有揸拿◎。
伤风感冒都搞掂◎，
文化遗产一枝花。

◎**揸拿**：指做事很有把握。◎**搞掂**：解决。

民俗文化

凉茶　凉茶是广东人民根据当地的气候特征，在长期预防疾病与保健的过程中，以中医养生理论为指导，用中草药为原料，发明出的具有清热解毒、生津止渴、祛火除湿等功效的饮料。尤其广州地区的凉茶历史悠久，较著名的有王老吉凉茶、黄振龙凉茶等。凉茶配制技艺以家族世袭传承下来，有数百年历史，已被列入国家级非物质文化遗产名录。

热气唔使心
怕怕
广东凉茶有
揸拿
伤风感冒都
搞掂
文化遗产一
枝花
粤语歌谣
饮凉茶
梁树庭并画
广东凉茶

骑楼街

落雨大，冇◎浸街，
唔惊大雨湿皮鞋。
横风横雨冇有怕，
皆因骑楼遮住晒。

◎冇：没有。

民俗文化

骑楼　骑楼建筑最早盛行于南欧、地中海一带。20世纪初，广州扩建马路，人们将西方古典建筑券廊与广州传统建筑结构相结合，演变成具有广州特色的“骑楼”建筑。骑楼是在楼房前跨过人行道兴建的，使马路两边分别连接形成一道长廊，既便于行人来往，商店也可以敞开门面陈列商品，以吸引顾客。骑楼是商业城镇的标志，也是中外文化交融的结果。

落雨大
冇浸街
唔惊大雨
湿皮鞋
横风横雨
冇有怕
皆因骑楼遮住晒
粤语歌谣 骑楼街
梁树庭作并画

十三行

黄埔云集欧美船，
贸易不惧风浪险。
一口通商十三行，
世界经济此有源。

民俗文化

十三行 清乾隆年间，朝廷只保留粤海关的对外贸易职能，广州成为西方国家进入中国的唯一通道和贸易场所。因外商不能直接与中国商人接触，所以要由中介商人（洋行）来维持对外贸易，广州的十三行便垄断了广州的对外贸易，从此成为中国对外贸易中的唯一主角，在中国经贸史中占据举足轻重的地位。“广州十三行”是洋货行的统称，不代表洋行的实际数目。

黃埔雲集
歐美船
貿易不懼
風浪險
一口通商
十三行
世界經濟
此有源
粵謠漫畫十三行
梁樹庭作

西关小姐

清代画师奇技能，
外销画作好传神。
中外游人惊叹望，
西关小姐有原人。

民俗文化

西关小姐 广州的西关，即位于以前广州城西门口一带（今荔湾区）。明代以来，西关逐渐发展成为广州的商业外贸中心，聚居了一批富商巨贾。他们的女儿，其中有不少受过西方文化的教育，知书识礼，言谈举止高雅，衣着大方得体，气度不凡，被时人称为西关小姐。世代沿袭，“西关小姐”成为一种历史文化标志。

清代画师
奇技能
外销画作
好传神
中外游人
惊叹望
西关小姐
有原人
西关十唱 西关小姐
戊戌之春
梁树庭作

赠手信

远途归来未擦汗，
捎上豆糕葡萄干。
尚礼亲朋都有份，
信手捎来聚一餐。

民俗文化

手信　手信就是人们出远门回来时捎给亲友的小礼物，并非按计划买来的大件或贵重商品，信手捎来，故称“手信”。广州人去朋友家拜访时，手里一定不能空。因为在粤语中，“空”音同“凶”，是不吉利的，所以广州人拜访朋友一定要带手信，外出也会购买当地的特产作为手信。

遠途歸來
未擦汗
捎上豆糕
葡萄乾
尚禮親朋
都有份
信手捎來
聚一餐
粵謠漫畫
贈手信
梁樹庭作

做木屐

旧时少鞋打赤脚，
做对木屐有排着◎。
跑起步来嗒嗒声，
逗得小狗齐欢跃。

◎**有排着**：可以穿很长时间，耐用。

民俗文化

木屐　由于岭南地区高温多雨，气候潮湿，穿上木屐可避暑纳凉、防湿防滑，且木屐价格便宜，因此在岭南各地广为流传，成为人们日常生活的必需品。随着各种材质拖鞋的出现，木屐也逐渐减少，只偶尔在乡间见到一些老人穿着自制的木屐。

旧时少鞋
打赤脚
做对木屐
有排着
跑起步来
嗒嗒声
逗得小狗
齐欢跃
粤谣漫画
做木屐
梁树庭作

鸡公榄

鸡公福，鸡公榄，
好味食到眼眨眨。
帮衬◎唔使行落楼◎，
要买一抛到天棚。

◎**帮衬**：光顾。◎**唔使行落楼**：不用走下楼。

民俗文化

鸡公榄　广州民间杂业，又称“飞机榄”。卖榄人背着小木箱，吹着唢呐，沿街叫卖。买者从高处窗口探头问价，然后将钱从楼上扔下，卖榄人收钱后即把榄包装好，将其准确无误地“飞”上楼去，故此得名。有的卖榄人还用纸糊一只大公鸡，自己套在里边，以招徕顾客。这些榄都用盐水、甘草、糖等炮制过，别有风味。

鸡公福鸡公榄好味
食到眼眨眨
帮衬唔使行
落楼要买一
抛到
天棚
粤语歌谣鸡公榄
梁树庭作并画

节庆活动

行花街

广州年年摆花街，
花农双肩挑春来。
放工添买三两朵，
清香随风拥窗台。

民俗文化

行花街 尤以广州为代表。每至岁暮，人们便成群结队到迎春花市游览，称为“行花街”。广州一年一度的行花街形成于19世纪60年代。传统迎春花市从农历十二月二十八开始，历时三天，第三天延至新年初一深夜才结束。那时花街上张灯结彩，喇叭里播放着轻快的广东音乐，人们看花、买花，川流不息。

廣州年年擺花街
花農雙肩挑春來
放工添買叁两朵
清香随風拥窗臺

粵謠漫畫
行花街
梁樹庭作

逗利是

恭贺新春笑吟吟，
见面拱手接财神。
细路◎好口多利是，
逗比身家赢几分。

◎**细路**：小孩。

民俗文化

利是 利是又作“利市”，俗称“红包”，广府用以贺岁、贺喜的吉祥物。它缘起于汉代，是一种钱币形状的辟邪物，不可当钱币流通，只可佩带把玩。在宋代用于婚嫁聘礼，加之唐代宫廷春日散钱之风也流入民间，逐渐演变成立春日长辈给晚辈压岁钱的风俗。“压岁”即“压祟（邪）”，用于贺岁。利是在广东尤为盛行，除贺岁外，婚嫁、寿诞、封赏均用。“逗利是”在广东话里就是讨红包的意思。

恭贺新春笑
吟吟，见面拱
手接财神，细
路好口多利是，
逗比身家赢
几分。粤语歌谣
逗利是
甲午新春
梁树庭画
四季平安
天增岁月人增寿
春满乾坤福满门

卖懒去

除夕之夜炮仗声，
饭前饭后喜相鸣。
小儿携蛋燃香去，
卖懒去懒勤至醒。

民俗文化

卖懒　节日习俗，流行于广州地区。除夕之夜，儿童一手提灯笼，一手拿着一个红鸡蛋和几炷香，结队上街闲逛，边走边唱道：“卖懒，卖懒，卖到年三十晚，人懒我不懒。”这样不断重复，一直走到土地庙中，把香插上，再回家来，把鸡蛋分给长辈吃，表示自己一年的懒惰已经卖掉，从此勤快读书干活，不做懒仔。

除夕之夜
炮仗聲
飯前飯後
喜相鳴
小兒擸蛋
燃香去
賣懶去懶
勤至醒
粵謠漫畫
賣懶去
梁樹庭作

睇◎花灯

正月十五最开心，
天光就望天快暗。
前台追看大花脸，
后台争睇走马灯。

◎睇：看。

民俗文化

元宵花灯 元宵节又称灯节。灯节正日（农历正月十五），家家祀神上供，族中父老聚集在灯寮饮“灯酒”、放花炮、猜灯谜。村中游灯、唱大戏，热闹一番。直至十六日“散灯”，把社神送回社坛，撤去灯色，整个元宵灯节活动宣告结束。

正月十五最
开心，天光就
望天快暗。
前台追看大
花脸，台后
争睇走
马灯
粤语歌谣
睇花灯
梁树庭画

行通济

佛山古桥名通济，
百年祈福力修为。
正月十六南行北，
万众求福冇闭翳◎。

◎**冇闭翳：**没有忧愁。

民俗文化

行通济桥 节庆习俗，流行于佛山。农历正月十六夜，男女老少倾城而出去“行通济桥”。通济桥位于佛山商部南济大街，横跨汾江河支流，建于明代，原是木桥，到清代改建为石桥。传说是日人们走过桥后，可一年无忧愁，故民间有“行通济，冇闭翳”之说。

佛山古橋
名通濟
百年祈福
力修為
正月十六
南行北
萬眾求福
有閒翳
粤謠漫畫
行通濟
梁樹庭作
行通濟
有閒翳

开库日

正月廿六好时辰，
观音开库济万民。
幸运多得常修炼，
有借有还富贵临。

民俗文化

开库日 每年的农历正月廿六日是观音开库日。观音开库，是民间节日之一，相传观音在这天会开金库，借钱于民，助民致富。因对观音尊敬，故谦称“借库”，粤语中“借库”与“借富”同音，这一天成为广府地区市民新春祈福、求财的吉日。

正月廿六
好時辰
觀音開庫
濟萬民
幸運多得
常修煉
有借有還
富貴臨
粵謡漫畫
開庫日
梁樹庭作
借富
三元

睇龙舟

龙舟舟，珠江游，
两岸观赛撞崩头。
广州健儿齐竞渡，
唔赢头名唔罢休。

民俗文化

趁景、斗标　珠江三角洲端午节多龙舟活动，各地举办龙舟赛，赛前各队龙船前来，只表演技巧，不排名次，称为趁景。斗标即斗龙船，俗称赛龙船，在趁景热身之后举行。每年端午前后，赛龙夺锦，十分热闹。

龙舟舟珠
江游
两岸观赛
撞崩头
广州健儿齐
竞渡
唔赢头名
唔罢休

广州方言诗
睇龙舟
梁树庭诗画

过中秋

月亮光光照广州，
斗整灯笼◎过中秋。
阿爸随手扎花灯，
阿嫲拜月揾◎碌柚◎。

◎**斗整灯笼**：比赛做灯笼。◎**揾**：找。◎**碌柚**：柚子。

民俗文化

拜月娘　祭月仪式，多为中秋当天，家有天台的在天台，没有天台的在家门前，摆开八仙桌，备上供品，由妇女主持拜祭之礼，家人朝月祝祷，祭香礼拜。拜月娘后合家围坐，分享各种供品等，畅叙天伦，直到深夜。

月亮光光照广州·斗盏灯笼过中秋·阿爸随手扎花灯·阿嫲拜月揾碌柚·
粤语歌谣
过中秋
梁树庭

民间艺术

红线女

西关小女红线女，
红腔一飙惊天雷。
昭君出塞绕梁曲，
八和八音使人醉。

民俗文化

粤剧　红线女是著名的粤剧表演艺术家。粤剧被誉为“南国红豆”，民间俗称“大戏”，是最大、最能体现广东特色的剧种，流行于广东、广西的粤方言地区。民间凡有节日庆典，必做“大戏”酬神娱人，热闹一番。清朝光绪年间开始有专供戏班使用的红船，故粤剧艺人又称“红船子弟”。2009年粤剧入选了联合国教科文组织人类非物质文化遗产代表作名录。

西关小女
红线女
红腔一飙
惊天雷
昭君出塞
绕梁曲
八和八音
使人醉
西关十唱红线女
戊戌之春
梁树庭作

广民乐

晨曦初现民乐声，
高胡主奏庆升平。
扬琴曲伴洞箫远，
游子不禁故乡情。

民俗文化

广东音乐 广东音乐是流行于以广州为中心的珠江三角洲及广府方言区的传统丝竹乐种，已有四百余年的历史，是岭南民间传统文化的瑰宝，入选了国家级非物质文化遗产名录。广东音乐以其曲调轻快活泼，婉转悠扬，流传于海内外，“凡有华侨处，必有广东音乐的知音”，名曲为《步步高》《平湖秋月》。高胡音色高亢明亮具有广东音乐特色，为广东音乐的主奏乐器。

晨曦初現
民樂聲
高胡主奏
慶昇平
揚琴曲伴
洞簫遠
遊子不禁
故鄉情
粵謠漫畫
廣民樂
梁樹庭作

广绣艳

唐代广绣成贡品，
钉垫拼缀多能人。
英国刺绣学广绣，
威彩淡彩各传神。

民俗文化

广绣　广绣与潮绣一起被称为粤绣，粤绣是我国四大名绣之一，被列入国家级非物质文化遗产名录。广绣制作特点是构图繁而有序，色彩富丽，针步均匀，针法多变，纹理分明。画面多作写生花鸟，常以凤凰、牡丹、松鹤、猿、鹿、鸡、鹅等为题材，铺绒极薄，平贴绸面，风格别致。

唐代廣繡
成貢品
釘墊拼綴
多能人
英國刺繡
學廣繡
威彩淡彩
各傳神
粵謠漫畫
廣繡豔
梁樹庭作

讲古佬

茶寮讲古话当年，
一茶一扇企台边◎。
讲到兴时高抬手，
失觉打亲光头添。

◎**企台边：**站在讲台或桌子边。

民俗文化

讲古 民间表演艺术。即说书，广州俗称“讲古”，用广州方言讲演，一般只说不唱。主要流行于珠江三角洲一带及湛江等地。讲古的人被称为“讲古佬”，19世纪末，在广州东教场搭草寮讲古为生。后来一部分在茶楼设的“古坛”讲古，另一部分在街头“开街档”。有经验的讲古佬，都有一批俗称“拥趸”的捧场者，这些人不管刮风下雨必定到场“追古”。一些水平较高的讲古佬会被请去电台做“讲古节目”。

茶寮讲古
话当年
一茶一扇
企台边
讲到兴时
高抬手
失觉打亲
光头添
粤谣漫画
讲古佬
梁树庭作

攀石羊

五羊石像绿树围，
细路攀爬夜不归。
狗仔扮羊咩咩叫，
引来电筒照田鸡。

民俗文化

五羊仙 广州又名羊城，简称穗。这些名称的来源均出于五仙骑羊持谷穗降临广州的传说。相传周夷王时，有五位仙人骑着五只仙羊，穿着五彩仙衣，手持一茎六出的稻穗，降临“楚庭”，把稻穗献给当地人民，并祝愿此地永无饥荒，然后飞升而去。为了纪念这五位仙人，后人在他们降临的地方修建了五仙观，至今广州尚有五仙观。现在广州越秀公园内的五羊雕像已成为广州的城市标志之一。

五羊石像绿树围，
细路攀爬夜不归。
狗仔扮羊咩咩叫，
引来电筒照田鸡。
粤语歌谣
攀石羊
梁树庭
咩咩

舞狮子

笃笃笃咚撑撑撑，
欢天喜地闹年关。
铺头开门笑迎客，
采青狮子舞一番。

民俗文化

舞醒狮 五代十国之后，随着中原移民的南迁，舞狮文化传入岭南地区。现流行于广东、广西各地，起舞过程有“食青”“醉青”“睡醒”等动作。醒狮是融武术、舞蹈、音乐为一体的文化活动，已被列入国家级非物质文化遗产名录。北方舞狮是西域传入的四脚仿真狮，广东人舞的醒狮是一只独角“睦”兽，舞法与北方不一样。

笃笃笃咚
撑撑撑
欢天喜地
闹年关
铺头开门
笑迎客
采青狮子
舞一番
粤谣漫画
舞狮子
梁树庭作
廣記
福
福

醉龙游

四月初八浴佛后，
龙伴鼓声乐巡游。
拜祀酒灌龙头饮，
醉龙中山舞不休。

民俗文化

醉龙舞 源于宋代盛于明清的醉龙舞，在每年的农历四月初八浴佛节祭祀后开始巡游。舞蹈中穿插拜祀、插金花、请龙、三拜九叩、偈酒、席间舞龙、灌酒、巡游等环节。舞龙者以醉为妙，若稍有清醒，持酒埕者便强灌，务使其醉之。

四月初八
浴佛後
龍伴鼓聲
樂巡遊
拜祀酒灌
龍頭飲
醉龍中山
舞不休

粵謠漫畫
醉龍遊
梁樹庭作

附录
“粤韵漫绘岭南风”丛书民俗文化索引

1. 本索引供本丛书“民俗文化”板块内容检索。
2. 条头按汉语拼音字母次序排列，首字相同的按第二个字的拼音字母次序排列，第二个字相同的，按第三个字排列，以下类推。同音字按笔画排列，笔画少的在前，多的在后。
3. 右侧字母代表本丛书的分册书名：
   C为《潮汕韵》，G为《广府风》，K为《客家颂》，S为《岁时谣》。
4. 右侧数字指所在图书的页码。

“粤韵漫绘岭南风”丛书包括《岁时谣》《广府风》《客家颂》《潮汕韵》四本。

丛书以富有传统国画特色的水墨漫画，配以独特书法书写的朗朗上口的歌谣，邀读者放慢匆忙的脚步，品鉴水墨漫画、岭南歌谣的独特质感，用全新的视角去感受、认识岭南传统文化。

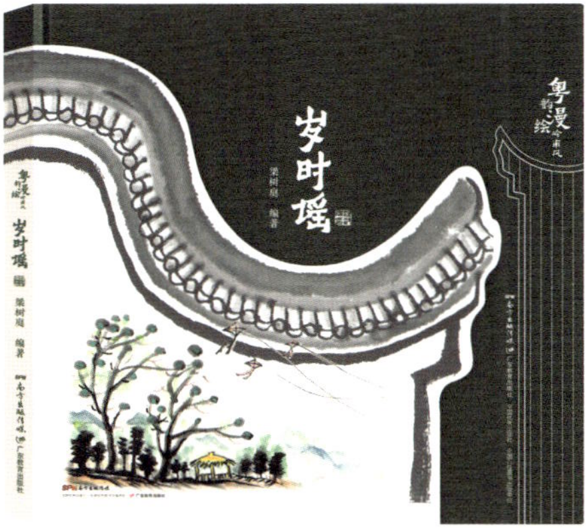

《岁时谣》

二十四幅漫画，二十四首歌谣，描绘出岭南人独具特色的节气文化。在这里，你可以深深品味在二十四节气的周而复始中，岭南人是如何顺应天时，在岭南这个四季本不分明的地方，活出自己的季节！

《广府风》

二十四幅漫画，二十四首歌谣，引领你走近最能代表岭南文化的广府民俗文化。广府文化经过中原文化哺育，传袭着百越古族遗风，又闪烁着中西文化撞击的火花，开放、务实，又创新兼容。

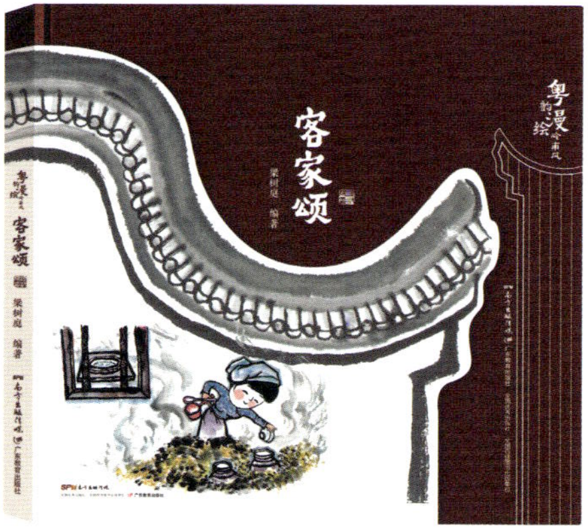

《客家颂》

二十四幅漫画，二十四首歌谣，引领你走近最能反映岭南文化与中原文化交融生长的客家民俗文化。在这里，你可以品味客家人崇文尚简、民风淳朴、不求奢华的品格，感受客家人浓厚的乡土情结，强烈的祖先崇拜和深沉凝重的历史意识。

《潮汕韵》

二十四幅漫画，二十四首歌谣，引领你走近潮汕民俗文化。在这里，你可以感受到背山靠海的潮汕人与中原人在生活和生产方式上的差异，可以明晓缘何他们宗族观念强，缘何他们勇于冒险和开拓，并精巧灵活，富有竞争意识。

后　记

现在是收获的时候，喜悦中与大家见面的“粤韵漫绘岭南风”丛书，便是收获的成果。

成果的种子在2017年春季种下，那时我在广东省立中山图书馆办了一期“粤韵漫记岭南风”歌谣漫画展，观者众，得留言七八本，记录了观众的深切鼓励；报纸、电视台、电台的记者等也不断采访报道，对画展给予了高度的评价。我的创作能得到各界人士的鼓励和社会的认同，是给我最好的奖励。展览期间，刚好广东教育出版社的几位编辑也来观展，相谈中便有了以此出版一套书的构想，然后编者、作者一路想想想，跑跑跑，写写写，画画画，编编编，改改改，这套丛书由此而生。这套丛书名叫“粤韵漫绘岭南风”，将展览“粤韵漫记岭南风”的“记”字改成“绘”字，一字之改更多了些画意，并有连续性，展览与书籍就像姐妹篇，相映成趣，很好！

这套丛书，从岭南文化中选材，就像讲自家的故事，总有一种亲切感。岭南人家祖祖辈辈是如何过来的，如何生活的，如何在天地间面对艰辛活得精彩活出文化的，我总想用手中的笔，记录心中的歌，绘出心里的画。

从大家观展的反应中我发现，歌谣配漫画并以水墨的表现手法很适合这个读图时代，顺口押韵的歌谣，幽默谐趣的漫画，以诗书画印植入漫画中，相映成趣。在岭南各地有不少形式各异的风俗，所谓“十里不同风，百里不同俗”，我这样通过漫画、歌谣去表达，就很容易引起大家的兴趣去探究，在这个过程中读者就会了解岭南文化、感知岭南文化、热爱岭南文化，从而对我们身处的地方产生更多的认同感，这是我一直坚持创作的原因。

在这里得感谢广东教育出版社的编辑助丛书出版，使图文出彩，助力岭南文化的挖掘与传播；感谢漫画界老前辈著名漫画家江沛扬先生为此书写序，推动广东漫画及文化事业，给后辈期望与鼓励；感谢妻子马洁群女士，长期以来为我的创作翻书捡画、正图正字，使创作得以成事；感谢读者、媒体和各文化单位一直支持和不断鼓励，让我在创新的绘画道路上一直走下去。

歌谣助传唱，漫画现精华。愿岭南文化之树根深叶茂，岁月常青！

梁树庭

2019 年 4 月